夏のおやつ *もくじ

なんでも知ってる
ねこ先生

身近な材料を使って、作りやすい分量で作れます。
しあげやもりつけは、おこのみで
アレンジすると楽しいね。

知りたがりやの
うさぎさん

ねこ先生が、おいしくしあがる
コツをしっかり教えてくれます。
わたしたち「おやつ作り隊」の
隊員もお手伝いします。

日本のおやつ

- 白玉だんご　ゆでる＊20分 …6
  - カラフル白玉だんご　ゆでる＊25分 …7
- 水ようかん　かためる＊20分 …8
- くず切り　煮る＊20分 …10
  - 黒みつ　煮る＊15分 …11
- わらびもち　煮る＊20分 …12
  - フルーツわらび　煮る＊30分 …13
- ぽっぽ焼き　蒸す＊25分 …14
- フルーツあめ　煮とかす＊30分 …16
- ラムネ　かためる＊25分 …18

おやつを作る前に読みましょう …3
ミルクジャムの作り方 …46

段取りじょうずな
わにくん

世界のおやつ

- ジェラート　まぜる＊15分 …20
- クラッシュゼリー　かためる＊20分 …22
  - コーヒーゼリー　かためる＊15分 …23
- パレタ　凍らせる＊15分 …24
- ハロハロ　グラスに入れる＊20分 …26
- グミ　かためる＊25分 …28
- トライフル　もりつける＊15分 …30
  - ヨーグルトカスタードクリーム　煮る＊20分 …31
- あんにんどうふ　かためる＊20分 …32
- マンゴーラッシー　まぜる＊15分 …34
- トマトスムージー　まぜる＊15分 …35

チャレンジ 本格おやつ

- ギモーヴ　かためる＊30分 …36
- レアチーズケーキ　冷やす＊30分 …38
- 水無月　蒸す＊45分 …40
- きんぎょくかん　かためる＊50分 …42
- アルファフォーレス　焼く＊30分 …44

お味見大すきなこぶたちゃん

おやつにまつわる
いろいろなお話も
楽しいよ。

研究熱心な
りすくん

＊アレルギーのもとになる食材のうち、表示義務のある「特定原材料」えび、かに、小麦、そば、卵、乳、落花生の7品目を使っていないものに●マークをつけました。参考にしてください。

＊クッキングタイムはだいたいの目安です。作業のしかたで多少変わります。

おやつを作る前に読みましょう

大切なことが書いてあるよ。かならず読んでね。

終わったら、あとかたづけも忘れずにね。

おやつ作りの進め方

1. **作り方をひととおり読んでおきます。**
はじめる前に作り方の手順を頭に入れておくと、作業を進めやすくなります。

2. **身じたくをしましょう。**
髪の毛が長い人は結び、つめがのびていたら切ります。せっけんで手を洗い、エプロンをつけましょう。

3. **使う道具と材料をそろえましょう。**
作っているとちゅうであわてないように、必要な道具はあらかじめそろえておきます。

4. **材料を正確にはかりましょう。**
とくに外国のお菓子は、材料を正確にはからないと、じょうずにしあがらないことがあります。

g＝グラム　mL＝ミリリットルと読みます。mLとccは同じです。

材料のはかり方

＊計量スプーン…大さじ1は15mL、小さじ1は5mLです。

多めにすくい、よぶんなところをへらで落とします。
これが大さじ1

半分のところをかきだします。
これが大さじ1/2

液体は表面がふくらむくらいまで入れます。

＊計量カップ…1カップは200mLです。

平らなところにおいて、めもりの位置と目の高さを同じにしてはかります。

＊はかり

からのボウルをのせて、めもりをゼロにして材料をはかります。ゼロにできない場合は、ボウルの重さをはかって、それに分量の重さを足してはかります。

＊ひとつまみ…親指、人さし指、中指の3本の指の先でつまみます。

この本によく出てくる用語

＊室温におく
冷蔵庫から出して部屋においておくこと。あたたかい季節のときは20～30分前に、寒い季節のときは40～50分前に出しましょう。

＊粗熱をとる
手でさわれるようになるまで温度を下げること。

＊あわだてる
生クリームや卵を、あわだて器を使って、空気をふくませるようにまぜ、ふんわりさせること。ボウルに油分や水がついているとあわだちが悪くなるので、きれいなものを使います。

＊湯せんにかける
生地やクリームの入ったボウルの底を、お湯の入ったボウルやなべにつけて温めること。

＊打ち粉をふる
生地をあつかうとき、くっつかないように台やバットなどに粉をふること。

お湯の温度
（この本では以下の温度を目安にしています）
ぬるま湯／30～35度くらい。ぬるめの人肌くらいの温度です。
お湯／50～60度。ふっとうしたお湯に同じ量の水を加えるとだいたいこの温度になります。
熱湯／ふっとう直前のもので、80度くらいです。

この本でよく使われる道具

* まな板
フルーツなどを切るときに使います。

* 包丁
おさえる方の手は、指先をかるく内側にまるめておさえます。

* なべ
牛乳や水を温めたり、さとうを加熱してカラメルを作るときなどに使います。

* 計量カップ
おもに液体をはかるときに使います。200mLのほかに300mLや500mLはかれるものもあります。

* ボウル
直径20cmぐらいのものを中心に大、中、小のサイズがあると便利です。

* 耐熱ボウル
熱に強いボウルで、電子レンジで加熱するときに使用できます。

* バット
材料や生地を入れておくときに使います。

* はかり
1g単位ではかれるデジタルタイプが便利です。

* 計量スプーン
大さじは15mL、小さじは5mLです。ほかに10mLや2.5mLのものもあります。

* こし器・茶こし
粉をふるったり裏ごししたりするときに使います。

* あわだて器
卵をあわだてたり、材料をまぜたりするときに使います。

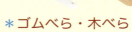
* ゴムべら・木べら
材料や生地をまぜるときや、取りだすときに使います。木べらは加熱しながらまぜるときに使います。

ゴムべらはシリコンでできているものが使いやすいです。

* めんぼう
生地を平らにのばすときに使います。

* はけ
牛乳などをぬってつやをだすときや、スポンジ生地にシロップをしみこませるときなどに使います。

* カード
生地を平らにしたり、取りだしたり、切りわけたりするときに使います。

* オーブン用シート
型や天板にしいて使います。生地がくっつくのをふせぎます。

* しぼりだし袋と口金
クリームや生地をしぼりだすときに使います。口金は、よく使う1cmの丸型があると便利です。

* ハンドミキサー
電動のあわだて器です。たくさんの量を作るときに、早くあわだてることができます。

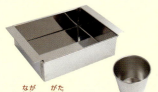
* 流し型
生地を流しいれて、蒸したり、冷やしかためたりするときに使います。

* 焼き型
生地を入れてオーブンで焼くときに使います。

* ぬき型
クッキーの生地をぬくときに使います。いろいろな形があります。

こんなものも使えるよ。

型の代わりに、あき缶や牛乳パックなども使えます。
（牛乳パックは加熱するものには不向きです。）

この本でよく使われる材料

＊生クリーム
動物性の乳脂肪分35％以上のものを使いましょう。あわだてるときは、冷蔵庫でよく冷やしたものを使い、ボウルの底を氷水にあてながら作業をします。

＊バター
バターには塩が入っている有塩バターと、入っていない無塩バターがあります。お菓子作りでは無塩バターを使います。この本でバターと書いてあるときは、無塩バターをさします。

＊卵
新鮮な卵を使いましょう。この本ではM玉（50～60g）を使っています。

＊天然色素
色をつけるときに使う食用色素で、植物から作られています。イメージの色になるまで、少量ずつ加えてようすをみます。

＊さとう
上白糖は、一般的によく使われているさとうで、あまみが強いのが特長です。グラニュー糖は、すっきりしたあまさで洋菓子によく使われます。食感をかるくしたいときに使う粉ざとう、ミネラルやたんぱく質が豊富な黒ざとうやきびざとう、てんさい糖などがあります。できあがりの色を気にしないときは、きびざとうやてんさい糖がおすすめです。

加熱する道具の使い方

＊オーブン
この本の焼き時間と温度は、ガスオーブンを使用したときの目安です。オーブンは機種によって焼きあがりがちがうので、うまく焼けないときは、温度設定を変えてみます。電気オーブンの場合は、10度ほど高く設定してみましょう。

＊ガスコンロ
カラメルを作ったり、生地をねったりと、おやつ作りではガスコンロをよく使います。

弱火
コンロの火がなべの底にあたらないくらいの状態です。

中火
コンロの火がなべの底に、あたるかあたらないかくらいの状態です。

強火
コンロの火がなべの底にしっかりあたっている状態です。なべの底からほのおがはみでるのはきけんです。

＊電子レンジ
電子レンジは機種によってワット数がちがい、ワット数によって加熱時間が変わってきます。この本では600ワットの機種を使っています。500ワットの機種では1.2倍に、700ワットの機種では0.8倍に換算してみましょう。時間は少なめに設定し、加熱しすぎないことが大切です。

＊蒸し器
蒸し器は下の段に水を入れて、あらかじめふっとうさせ、しっかり蒸気があがってから材料を入れます。水滴が落ちないように、ふたはふきんなどで包んでおきます。もち生地などを蒸すときは、よくしぼったぬれぶきんをしいた上におきます。熱いので、なべつかみや軍手を使いましょう。

「火を使っているときは、火のそばからはなれてはだめだよ。」

よく出てくる作業のコツ

＊卵白と卵黄の分け方
小さなボウルに卵を割り、大さじで卵黄だけをすくうと、かんたんに分けることができます。

＊粉のふるい方
空気をふくませ、だまになりにくくするためにも、粉はかならずふるってから使いましょう。大きめの紙を広げ、こし器の縁をたたくようにして、粉を落とします。

日本のおやつ

白玉だんご

●調理方法●
ゆでる

クッキングタイム
20分

古くから親しまれてきた、夏のおやつです。江戸時代には、白玉だんごを入れたおけを、てんびんぼうでかついで売り歩いていたそうです。

こねればこねるほど、もっちりしただんごになるよ。

6

日本のおやつ

材料

器2つ分
- 白玉粉………50g
- 水………45～50mL
- ゆであずき………適量
- すきなフルーツ………適量

じゅんびしよう

* なべにたっぷりのお湯をわかす。
* ボウルに氷水を用意する。

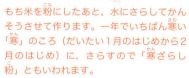

白玉粉
もち米を粉にしたあと、水にさらしてかんそうさせて作ります。一年でいちばん寒い「寒」のころ（だいたい1月のはじめから2月のはじめ）に、さらすので「寒ざらし粉」ともいわれます。

作り方

1 ボウルに白玉粉を入れ、水を少しずつ加え、ゴムべらでおさえるようにして、かたまりをなくす。

白玉の生地が、ゆるいときは白玉粉（分量外）を加え、かたいときは水（分量外）を少しずつ加えて調節します。

2 指で耳たぶくらいのかたさにこね、棒状にのばし、10等分してまるめる。まん中をおして、へこませる。

3 ふっとうしているお湯に、まるめた白玉をひとつずつ入れる。うきあがってきたら、そのまま1～2分ゆでる。

4 あなあきお玉で白玉をすくい、氷水の入ったボウルに入れる。冷えたら水気をきって、ゆであずきの入った器にもる。しあげにすきなフルーツをかざる。

ゆでる25分

作ってみよう！
カラフル白玉だんご

材料

グラス2つ分

[すいか白玉]
白玉粉…20g　すいか…20g

[かぼちゃ白玉]
白玉粉…20g　かぼちゃペースト…20g
水…小さじ2

[抹茶白玉]
白玉粉…20g　抹茶…小さじ1/4
水…大さじ1と1/2

つぶあん、アイスクリーム（市販）…適量

じゅんびしよう

かぼちゃひと切れ（40～50g）をラップでくるみ、電子レンジで1～1分30秒加熱してやわらかくする。皮を取りスプーンの背でつぶして、かぼちゃペーストを作る。

作り方

①白玉粉にそれぞれの材料を入れ、手でこねて、かたさを調節する。基本の白玉と同じようにゆでて、冷やす。
②つぶあんとアイスクリームといっしょに、もりつける。

水ようかん

口あたりのよい水ようかんを作るポイントは寒天をしっかりとかすことです。
よく冷やしていただきましょう。

●調理方法●
寒天で
かためる

●クッキングタイム●
20分
＋
冷やす時間

福井県では、冬に作るよ。

日本のおやつ

材料

12×14×4.5cmの流し型1台分

水………250mL
粉寒天………2g
さとう………50g
塩………ひとつまみ
こしあん………250g

じゅんびしよう

＊ボウルに冷水を用意する。

グラスに入れて冷やしかためると、そのまま食べられるよ。

作り方

1 なべに水と粉寒天を入れ、まぜながら中火で煮る。ふっとうしたら、ふつふつしている火加減にして、1〜2分かきまぜながら煮て、寒天をとかす。

2 さとうと塩を加えて、1分ほど加熱する。さとうと塩がとけたら、火を止める。

3 こしあんを加え、木べらでゆっくりまぜる。なめらかになったら、なべの底を冷水にあて、粗熱をとる。少しとろみがつくまで、まぜながら冷やす。

冷やしすぎるとかたまってしまうので、注意してね。

4 水でぬらした流し型に入れ、室温でかためてから、冷蔵庫で冷やしかためる。

5 型の四辺に包丁の先を入れてから、ひっくり返して取りだす。すきな大きさに切る。

ねこ先生のひとくちメモ

寒天は、ところてんの残りものから

昔、寒い冬に、薩摩の国（現在の鹿児島県西部）の島津のお殿様が、京の伏見に宿泊しました。食事にでたところてんの残りを屋外においたところ、数日後、凍っているのを宿の人が発見しました。このことが寒天作りのヒントになったといわれています。粉寒天のほかに、棒寒天や糸寒天などがあります。

粉寒天　棒寒天　糸寒天

寒天(粉寒天)
てんぐさなどの海藻から作られています。海藻を煮とかし、その液を凍らせて、さらにかんそうさせたものです。

くず切り

こんなすずしげなおやつも
自分で作るから、すきなだけ食べられます。
たっぷり黒みつをつけていただきましょう。

調理方法
なべで煮る

クッキングタイム
20分
＋
黒みつを作る時間

日本のおやつ

材料

器4つ分
- くず粉………50g
- 水………100mL
- 黒みつ………適量

じゅんびしよう

* 黒みつを作る。
* 大きめのなべにお湯をわかす。このなべに入る大きさのバットAを用意する。
* バットAが入る大きさの深めのバットBを用意し、冷水を入れておく。
* トングを用意する。

くず粉
植物の「くず」の根のでんぷんをかんそうさせたものです。

作り方

1 ボウルにくず粉と水を入れて、指先でよくまぜあわせる。

2 1の生地を、お玉でバットAに厚さ2〜3mmになるように流しいれる。

3 お湯の入っているなべに、2を静かにうかべる。

熱湯になっていればコンロの火は止めておきます。熱いのでゆっくり入れましょう。

4 生地の表面がかわいてきたら、バットをお湯の中にしずめる。生地がすきとおるまでそのままおき、透明になったらトングを使ってバットを取りだす。

5 冷水を入れたバットBに4を入れて冷やす。冷えたらバットの端に指を入れて生地をはがして取りだす。バットBがあさくてバットAがつかりきらないときは、生地の上にも冷水を入れる。

6 残りの液も同じように作る。
＊くず液は分離しやすいので、よくまぜてから流しいれます。

7 幅1cmに切り、氷の入った器にもり、黒みつをそえる。

作ってみよう！ 黒みつ
煮る 15分

材料
約80mL分
- 黒ざとう……50g
- さとう……20g 水……80mL

作り方
なべに黒ざとう、さとう、水を入れて中火にかける。ふっとうしたら弱火にして、ときどきアク（小さなあわ）を取りのぞき、6〜8分煮て、冷やす。

わらびもち

生地をかきまぜる作業は、少し力が必要ですが、
あとはスプーンですくって、冷やすだけです。
とてもかんたんに作れます。

●調理方法●
なべで煮る

クッキングタイム
20分

日本のおやつ

材料

6皿分

- わらび粉……50g
- 水………300mL
- さとう……80g
- きな粉……適量
- 黒みつ……適量

じゅんびしよう

* 黒みつを作る（作り方は11ページに出ています）。
* ボウルに氷水を用意する。

わらび粉
わらびの根からとったでんぷんをかんそうさせたものです。本物のわらび粉は、貴重なため、さつまいものでんぷんで代用していることもあります。

作り方

1 なべにわらび粉と水を入れ、あわだて器でまぜる。さとうを加えてよくとかす。

2 なべを弱めの中火にかける。生地に弾力がでてすきとおってくるまで、10〜12分、木べらでかきまぜながら加熱する。

なべの下に焼き網を入れると、こげる心配がないよ。

3 火を止め、スプーンで生地をすくい、氷水に落とす。

4 器にもって、きな粉と黒みつをかける。

さとう80gを、さとう40gと黒みつ大さじ3に代えると、こっくりとしたおいしさになるよ。

つるりといただく、夏ならではの食べかたです。

作ってみよう！ フルーツわらび

煮る 30分

フルーツ（グレープフルーツ、キウィなど30〜40g）は皮をむきひと口大に切る。さとう（大さじ1）と合わせて5〜10分おいておく。
3で冷やした生地を器にもる。さとうづけしたフルーツをつゆごと加えて、かるくまぜる。

ぽっぽ焼き

新潟県だけで売られている
お祭りにはかかせない食べものです。

●調理方法●
蒸し器で蒸す

●クッキングタイム●
25分

日本のおやつ・新潟県

材料

6本分
- 水………140mL
- 黒ざとう………30g
- さとう………20g
- 薄力粉………120g
- 重曹………小さじ1/2

じゅんびしよう

* アルミホイルを4つに折りたたんで厚みを作り、バットの長さに合わせて写真のような型を作る。バットにならべ、表面にオーブン用シートをしいておく。
* 薄力粉と重曹を合わせてふるっておく。
* 蒸し器の用意をする。

作り方

1 なべに水と黒ざとう、さとうを入れる。弱火にかけ、さとうをとかし、冷ましておく。

なべの底を冷水につけると早く冷めるよ。

2 1のさとう液をボウルに入れる。ふるった粉類を2回に分けて加え、あわだて器でよくまぜる。

3 生地を型に流しいれる。蒸気のあがった蒸し器に入れ、強火で15分蒸す。竹串をさしてなにもついてこなければ蒸しあがり。取りだして冷ます。

ねこ先生のひとくちメモ

ぽっぽ焼きは新潟県限定の食べもの

発祥地とされる新潟県新発田市周辺をふくむ、下越地方のお祭りや縁日などで、おもに屋台で売られています。焼くときの蒸気があがるようすが、蒸気機関車ににているところから、ぽっぽ焼き、または蒸気パンとよばれています。
本来のぽっぽ焼きは、右のような専用の焼き器で焼きます。ここで紹介する作り方は、家庭でできるようにアレンジしたものです。

焼けたらかごの中へ。

専用の焼き器に生地を流して、ぽっぽ焼きが焼けました。

写真提供：(株)豊栄わくわく広場

●調理方法●
なべで煮とかす

クッキングタイム
30分

フルーツあめ

縁日の定番は、やっぱりあんずあめです。
身近なフルーツでもおいしく作れます。
あめはうすめにつけるのが、ポイントです。

日本のおやつ

材料

約15本分
上白糖（またはグラニュー糖）
………100g
水………40mL
水あめ………大さじ1
すきなフルーツ（いちご、ぶどう、バナナ、グレープフルーツ、パイナップル、キウィなど）………適量

じゅんびしよう

* フルーツをひと口大に切り、水気をふいて竹串にさしておく。
* バットにオーブン用シートをしいておく。

時間がたつとフルーツから水分が出るので、あめがかたまったら早めに食べてね。

作り方

1 なべにさとうと水、水あめを入れ、中火にかけてさとうをとかす。

2 ふっとうしたら火を弱め、ときどきなべをゆすりながら煮つめる。

3 ごくうすい茶色になったら火を止め、なべをぬれぶきんの上におく。

4 竹串にさしたフルーツを、あめにくぐらせる。余分なあめを落として、オーブン用シートにならべて冷ます。
* なべの中のあめがかたまったときは、弱火にかけるとやわらかくなります。

なべをかたむけると、あめをつけやすいよ。

残ったあめは、オーブン用シートにそのまま流すと、べっこうあめになるよ。水を加えて火にかければ、シロップとしても使えるよ。

教えて！ねこ先生

さとうはなにからできているの？

さとうはおもに、さとうきびと、てんさい（さとう大根）の根から作られています。さとうきびからさとうを作ったのは、古代インドがはじまりとされ、日本には奈良時代に伝わりましたが、一般の人びとにさとうがいきわたるのは明治以降です。
ヨーロッパでてんさいからさとうが作られるようになったのは、18世紀になってからです。さとうきびが熱帯や亜熱帯で栽培されるのに対し、てんさいは北海道のようなすずしい地域で栽培されます。現在日本で生産されるさとうの約8割は、このてんさいからできています。

てんさい
さとうきび

それはね…

17

ラムネ

お口に入れると、シュワッとはじけて、
すぅーととけます。
駄菓子屋さんで売っているラムネを
手作りしてみましょう。

● 調理方法 ●
まぜて
かためる

● クッキングタイム ●
25分
＋
かんそう時間

日本のおやつ

材料

約24こ分

- クエン酸………小さじ1/2
- レモン汁………小さじ1/2
- 水………小さじ1
- 粉ざとう………40g
- コーンスターチ（なければかたくり粉でよい）………20g
- 天然色素（すきな色）………適量
- 重曹………小さじ1/2

ビー玉の入った炭酸の飲みものもラムネっていうね。どちらもレモンの風味があってシュワシュワしてて、駄菓子屋さんの人気者だよ。

駄菓子屋さんでよくみかけるラムネの旗。

じゅんびしよう

* 天然色素を少しの水（分量外）でといておく。

クエン酸
さわやかな酸味を持った結晶で、清涼飲料水などに使われています。薬局やドラッグストアで買えます。

作り方

1 小さなボウルにクエン酸とレモン汁、水を入れてまぜる。

クエン酸はとけにくいので、粒子が残っていてもよいです。

2 べつのボウルに粉ざとうとコーンスターチを入れて、よくまぜる。中央にくぼみを作り、1を加える。

3 天然色素を加えて指でまぜる。

4 よくまざったら重曹を加え、かるくまぜる。

かたくてまとまりにくいときは、水（分量外）を少しずつ加えます。やわらかくてまとまらないときは、粉ざとう（分量外）とコーンスターチ（分量外）を少しずつ加えて、かたさを調節しましょう。

5 生地を2等分して棒状にのばす。ナイフで輪切りにして、すきな形にまとめる。4〜5時間そのままおいて、かんそうさせる。

世界のおやつ

ジェラート

イタリアでは、子どもはもちろん、おとなもみんな大すきです。
ジェラートを売るお店を、ジェラテリアといいます。
お店にはチョコレートやレモン、ピスタチオなど
いろいろな味のジェラートがならんでいます。

●調理方法●
ミキサーで
まぜる

●クッキング
タイム
15分

世界のおやつ イタリア

材料（ざいりょう）

約300mL分
フルーツ（パイナップルなど）
……… 250g
牛乳……… 25mL
生クリーム……… 25mL

じゅんびしよう

* フルーツはひと口大に切り、冷凍しておく。
* 牛乳と生クリームは直前まで冷蔵庫で冷やしておく。

フルーツを先に冷凍しているので、作ってすぐに食べられるよ。

作り方

1 ミキサーに凍らせたフルーツと、牛乳、生クリームを入れる。

フルーツは一度に全部入れると、まざりにくくなるので、少しずつ入れてもよいです。

2 ふたをして、ミキサーのスイッチを入れる。ときどきミキサーを止めてへらでかきまぜ、なめらかになるまでまぜる。

ゴムべらですくいあげたとき、角が立つくらいがちょうどよいでしょう。かためにしたいときは、密閉容器に入れて、冷凍庫で20～30分冷やします。

ねこ先生のひとくちメモ

地域ごとに、個性的なおやつがいっぱい

イタリアは、長ぐつのような形の国で、各地に個性豊かなお菓子がたくさんあります。中部のトスカーナ地方の伝統的なお菓子は、ズコットです。聖職者がかぶる小さな半円球のぼうし「ズケット」ににていることからつけられた名前です。
南部ナポリ地方では、たっぷりのシロップにつけた、きのこの形をしたババが有名です。南の島、シチリアを代表するお菓子は、カンノーリとよばれるもので、中にリコッタチーズがつめられています。昔はカーニバルのときに食べられていました。

ズコット / ババ / カンノーリ

21

クラッシュゼリー

口の中で、シュワッとはじける、楽しいゼリーです。
ゼラチンを使っているので、
なめらかな口あたりも特長です。

● 調理方法 ●
ゼラチンで
かためる

● クッキング
タイム ●
20分
＋
冷やす時間

世界のおやつ フランス

材料

15×20cmのバット1台分

- サイダー（ソーダ水）………250mL
- さとう………30g
- 粉ゼラチン………8g
- 水（ふやかし用）……大さじ2
- すきなフルーツ（すいか、マスカットなど）……合わせて100〜120g

> 生のパイナップルやキウィには、「たんぱく質分解酵素」という物質がふくまれています。その物質のはたらきで、ゼラチンがかたまりにくくなります。使うときはかんづめか、煮てからにしましょう。

作り方

1 なべにサイダー50mLとさとうを入れ、中火にかける。さとうがとけたら火を止めて、ふやかしたゼラチンを入れて、よくとかす。

じゅんびしよう

* 水大さじ2を入れた器に粉ゼラチンを入れ、ふやかしておく。
* フルーツは食べやすく皮をむいたり、ひと口大に切ったりし、水気をきっておく。

2 1をボウルに移し、残りのサイダーをボウルのふちから静かに注ぎいれ、まぜる。

3 水でぬらしたバットに2を流し、フルーツを入れて冷蔵庫で2時間ほど冷やしかためる。スプーンでくずしながら器にもる。

> 日本生まれのゼリーだよ。

かためる 15分

作ってみよう！
コーヒーゼリー

材料

グラス3〜4つ分

- 水………350mL
- さとう………大さじ3
- インスタントコーヒー…大さじ2
- 粉ゼラチン………5g
- 水（ふやかし用）………大さじ2
- 生クリームなど………適量

じゅんびしよう

水大さじ2を入れた器に粉ゼラチンを入れ、ふやかしておく。

作り方

① なべに水を入れふっとうさせる。火を止めて、さとうとインスタントコーヒーを入れ、よくとかす。
② ふやかしたゼラチンを入れ、とかす。粗熱がとれたらグラスに入れ、冷蔵庫で冷やしかためる。

> 生クリームやコンデンスミルクをかけて食べよう。

パレタ

生のフルーツがたっぷり入った、
メキシコのカラフルなアイスキャンディーです。
オリジナルパレタを作ってみましょう。

●調理方法●
凍らせる

クッキングタイム
15分
＋
凍らせる時間

世界のおやつ メキシコ

材料

6カップ分

すきなフルーツ（スイカ、メロン、パイナップルなど）
………適量
ジュース（果汁100％）…適量
飲むタイプのヨーグルト…適量
コンデンスミルク……適量

じゅんびしよう

＊プリンの型や小さい紙コップを用意する。
＊割りばしの長さを半分にする（アイスクリーム用の木のスプーンでもよい）。

オレンジジュースやグレープフルーツジュース、牛乳などすきなもので作ってみてね。

作り方

1 フルーツを食べやすい大きさに切る。

2 型の底におくフルーツに割りばしをさし、プリンの型（または紙コップ）の中心に立てる。

型の底におくフルーツは、平らに切ると、立ちやすいよ。

3 残りのフルーツをまわりに入れる。

4 ジュースや飲むタイプのヨーグルトを、フルーツがかくれるくらいまで注ぐ。
＊ヨーグルト味にはコンデンスミルクを入れます。

まぜなくていいよ。

5 上の部分をアルミホイルでおおい、冷凍庫に5〜6時間入れて凍らせる。

教えて！ねこ先生

メキシコではどんなおやつが食べられているの？

メキシコをはじめとするキューバやグアテマラなど、中南米のお菓子は、スペインやポルトガルの植民地だったときの影響を受けているといわれます。代表的なものに、「トレス　レチェス　ケーキ」があります。スペイン語でトレスは「3つ」、レチェスには「ミルク（牛乳）」という意味があります。焼きあがったスポンジケーキを、エバミルク、コンデンスミルク、生クリームの3つのミルクにひたして作ります。

それはね…

25

ハロハロ

アイスクリームやフルーツ、あまいお豆をたっぷりのせた
フィリピンのかき氷です。
見ためもカラフルで、
いろいろな味を楽しめます。

●調理方法●
グラスに入れる

●クッキングタイム●
20分

世界のおやつ　フィリピン

材料

グラス2つ分

フルーツ（パパイヤ、マンゴー、パイナップル、すいかなど）
………適量

ナタデココ………200g

ココナッツミルク……100mL

かき氷………適量

コンデンスミルク………適量

あまく煮た豆……大さじ2〜3

アイスクリーム………適量

上にかざるものは、すきなものなんでもいいんだ。フィリピンでは、ウベというむらさきいもアイスクリームがのっていることが多いよ。コーンフレークやプリンものせるよ。

じゅんびしよう

＊フルーツを食べやすい大きさに切っておく。

作り方

1. グラス1/3の高さまでフルーツの一部とナタデココを入れ、ココナッツミルクをかける。

2. かき氷をもり、上にコンデンスミルクを回しかける。

3. あまく煮た豆や残りのフルーツ、アイスクリームをかざる。

食べるときは、よくかきまぜて食べよう。

教えて！ねこ先生

ハロハロってどんな意味があるの？

フィリピンの公用語であるタガログ語で、ハロとは「まぜる」という意味です。ハロハロと続けると「まぜこぜにする」という意味になります。名前のとおり、食べるときは、スプーンで中身をよくまぜて食べます。

それはね…

27

●調理方法
ゼラチンでかためる

●クッキングタイム
25分
＋冷やす時間

グミ

グミとはドイツ語で、ゴムという意味です。
子どもたちの「かむ力」を育てるため、
わざとゼラチンの濃度を高くして、作られたものです。

世界のおやつ 🇩🇪 ドイツ

材料

ひと口大のもの約30こ分

ジュース（果汁100%）
　………大さじ4
粉ゼラチン………10g
さとう………大さじ2
水あめ………大さじ2
レモン汁………大さじ1

じゅんびしよう

* 型の内側に、キッチンペーパーを使ってサラダ油（分量外）をぬっておく。

ゼラチン
牛の骨や皮、豚の皮から取りだしたたんぱく質で作られています。

オーブン用シートの上に、いろいろな形に流すのも、おもしろいね。

作り方

1 ジュースを入れたなべに、粉ゼラチンを入れてふやかす。中火で温め、よくまぜたら火を止める。

ふっとうさせないように気をつけてね。

2 さとうと水あめ、レモン汁を入れ、木べらでゆっくりまぜる。あわが出てきたら、キッチンペーパーで取りのぞく。

3 2のゼラチン液を、スプーンを使って型に流しいれる。

厚みがあるとかたまるのに時間がかかるよ。

4 粗熱がとれたら、冷蔵庫に入れて30分〜1時間30分ほど冷やしかためて、型からはずす。

ねこ先生のひとくちメモ

ゼラチンと寒天のちがい

動物のたんぱく質から作られるゼラチンは、13〜20度でかたまります。ゼラチンの濃度が低いものは、一度かたまっても25度以上になるととけだすことがあるので、冷蔵庫で冷やしておく必要があります。寒天はてんぐさなどの海藻の成分を利用してかためます。30〜35度でかたまり、一度かたまると常温でとけることはありません。

とけちゃうの！？

動物の型を使うと、こんなかわいいグミができるよ。

トライフル

「つまらないもの」という意味があります。
残ってしまったスポンジケーキや
庭でとれるフルーツを使って作られてきました。
イギリスでずっと愛されているおやつです。

●調理方法●
もりつける

●クッキングタイム●
15分
＋クリームを作る時間

世界のおやつ イギリス

材料

直径15cmの器1台分
- さとう……小さじ2
- 水……30mL
- カステラ（市販のカステラやスポンジケーキの切りおとしなど）……80〜100g
- 季節のフルーツ（いちご、ラズベリー、キウィ、バナナなど）……適量
- ヨーグルトカスタードクリーム……200〜230g

じゅんびしよう

* ヨーグルトカスタードクリームを作る（生クリーム200mLにさとう大さじ2を加え、ゆるくあわだてたものでもよいです）。
* カステラを2×1cmに切っておく。
* フルーツを食べやすい大きさに切っておく。

作り方

1. さとうと水を耐熱ボウルに入れ、電子レンジで20秒加熱し、シロップを作る。シロップをカステラにハケでぬって、しめらせる。

2. 器にカステラをしき、フルーツをならべる。上からヨーグルトカスタードクリームをかける。

煮る20分

夏むきのさわやかなクリームだよ。

作ってみよう！ ヨーグルトカスタードクリーム

材料

約230g分
- 牛乳……150mL
- 卵黄……1こ分
- さとう……40g
- 薄力粉……15g
- プレーンヨーグルト……80g

じゅんびしよう

* 薄力粉をふるっておく。
* クリームを入れるバットよりひとまわり大きいバットに、氷水を用意する。

作り方

① なべに牛乳を入れて、ふっとう直前まで温める。
② ボウルに卵黄を入れてほぐし、さとうを加え、あわだて器でよくまぜる。薄力粉を加えてかるくまぜる。
③ ①の牛乳を4〜5回に分けて加え、そのつどよくまぜる。牛乳が全部入ったらこし器でこしながら、なべにもどす。
④ なべの底をまぜながら、弱めの中火で煮る。
⑤ ぶくぶくとあわが出てきたら、こげやすくなるので弱火にする。さらに1分ほど煮て、火を通す。クリームがかるくなり、つやがでたら、火からおろす。
⑥ バットに広げて表面をラップでおおい、氷水にあてて冷ます。冷めたらボウルに移して、あわだて器でまぜ、なめらかにする。最後にヨーグルトを加えてよくまぜる。

あんにんどうふ

中国ではシンレンドウフとよばれます。
古くは宮廷料理としても提供されていたという
歴史のある食べものです。

●調理方法●
寒天で
かためる

クッキング
タイム
20分
＋
冷やす時間

世界のおやつ・中国

材料

グラス2つ分

きょうにんそうの粉
　………大さじ1
牛乳………200mL
水………100mL
粉寒天………2g
さとう………30g
クコの実………4つぶ

じゅんびしよう

＊クコの実を水（分量外）につけて、もどしておく。

クコの実
中国や東アジアが原産で、中国では3000年以上も前から、漢方薬などに利用されてきました。

作り方

1 耐熱ボウルにきょうにんそうの粉を入れる。牛乳を少しずつ加えて、木べらでとかす。

2 なべに水と粉寒天を入れ、まぜながら中火で煮る。ふっとうしたら、ふつふつしている火加減にし、1〜2分かきまぜながら煮て、寒天をよくとかす。

3 2にさとうを加え、1分ほど加熱し、さとうがとけたら火を止める。

4 1の牛乳を電子レンジで20秒温めてから加え、よくまぜる。

5 グラスに注ぎ、粗熱がとれたら冷蔵庫で冷やしかためる。しあげにクコの実をかざる。

きょうにんそうってなあに？

あんずの実の種子である「仁」とよばれるところを、かんそうさせて粉にしたものです。のどのいたみをやわらげる効果があるとされます。独特のかおりがあります。

世界のおやつ インド

マンゴー ラッシー

インドの人びとに親しまれている飲みものです。
インドではダヒーというヨーグルトを使って作ります。

材料

グラス2つ分

プレーンヨーグルト
………80mL
牛乳………80mL
マンゴー（かんづめ）
………中1缶
氷………2〜3かけ
あればミントの葉（かざり用）
………適量

●調理方法●
ミキサーでまぜる

クッキングタイム
15分

 じゅんびしよう

＊マンゴーは、かざり用に20g取りわけておく。
＊かんづめのシロップ大さじ2はい分も取りわけておく。

作り方

1 かざり用のマンゴー以外のすべての材料と、取りわけたシロップをミキサーにかけ、よくまぜる。

2 グラスに注ぐ。かざり用のマンゴーを小さく切ってのせる。あればミントの葉をかざる。

世界のおやつ ハワイ(アメリカ)

トマトスムージー

ハワイ生まれのヘルシーなドリンクです。
あまいトマトを使うのがポイントです。

●調理方法●
ミキサーでまぜる

クッキングタイム
15分

じゅんびしよう

＊トマトはヘタをとり、ひと口大に切り、冷凍しておく。

材料

グラス2つ分
トマト………3こ（200g）
バナナ……1本
はちみつ………大さじ2
レモン汁………大さじ1
水（または氷）………100mL

作り方

1. バナナをひと口大に切る。

2. すべての材料をミキサーにかけ、よくまぜて、グラスに注ぐ。

チャレンジ 本格おやつ

調理方法: ゼラチンでかためる
クッキングタイム 30分 + 冷やす時間

ギモーヴ

マシュマロのことを、
フランス語でギモーヴといいます。
卵白とシロップをゼラチンでかためた、
ふわふわの食感がふしぎな食べものです。

本格おやつ フランス

材料

21×15cmのバット1台分
- 卵白………2こ分
- さとう ⓐ………大さじ1
- さとう ⓑ………30g
- 水………大さじ1
- いちごソース(またはいちごジャム)………大さじ1
- 粉ゼラチン………10g
- 水(ふやかし用)…大さじ2
- (天然色素 赤………適量)
- コーンスターチ………適量
- 粉ざとう………適量

じゅんびしよう

* 水大さじ2を入れた耐熱ボウルに粉ゼラチンを入れ、ふやかしておく。
* バットにオーブン用シートをしいておく。

作り方

1 ボウルに卵白を入れ、あわだて器で角が立つまであわだて、メレンゲを作る。とちゅうさとうⓐを2回に分けて加える。

2 耐熱ボウルにさとうⓑと水、いちごソースを入れ、電子レンジで30秒加熱してシロップを作る。ふやかしたゼラチンを、ラップをかけずに電子レンジで20秒加熱し、シロップに加えて、よくまぜる。

3 シロップ液が熱いうちに、1のメレンゲに2～3回に分けて加え、そのつどしっかりあわだてる。つやのある細かいあわになるまで、まぜる。

色がうすかったら、少しの水(分量外)でといた天然色素を少し加え、ピンク色にします。

4 バットに生地を流しいれ、表面をカードで平らにし、冷蔵庫で冷やしかためる。

5 かたまったら、コーンスターチと粉ざとうを合わせた粉を茶こしでふりかけ、包丁で切る。

包丁をぬれぶきんでふきながら切ると、きれいに切れるよ。

6 切った面にも粉をつけ、よぶんな粉をはらい落とす。

バットにコーンスターチをしいて、くぼみを作り、そこに、3の生地をスプーンで流してもかわいいです。

ねこ先生のひとくちメモ

昔はのどの薬だった

フランス語名の「ギモーヴ」、英語名の「マシュマロ」、どちらもアオイ科の植物、ウスベニタチアオイのことです。古代エジプトでは、この植物の根をすりつぶして、キャンディーのようなものにして、のどの薬として利用していました。その後19世紀に入り、根のかわりに卵白やゼラチンが使われ、今のお菓子の形になりました。

レアチーズケーキ

クリームチーズは、ニューヨークのチーズ工場で、べつのチーズを作ろうとして、ぐうぜんできたものだそうです。そのクリームチーズを使ったさわやかなおやつです。

●調理方法●
まぜて冷やす

クッキングタイム
30分
＋
冷やす時間

切るときは、包丁を温めると、きれいに切れるよ。

本格おやつ アメリカ

材料

直径15cmの丸型（底のぬけるタイプ）1台分

[クッキー生地]
クッキー………40～50g
バター………20g
牛乳………小さじ1

[チーズ生地]
クリームチーズ………200g
さとう………60g
プレーンヨーグルト…150g
レモン汁………大さじ1
粉ゼラチン………5g
水（ふやかし用）……大さじ2
ブルーベリーとミントの葉
（かざり用）………適量

じゅんびしよう

* 耐熱ボウルにバターを入れ、電子レンジで20秒温め、とかしておく。
* 型の底にオーブン用シートをしいておく。
* クリームチーズを室温におく。かたいときは電子レンジで20～30秒温め、やわらかくしておく。
* 水大さじ2を入れた耐熱ボウルに粉ゼラチンを入れ、ふやかしておく。

作り方

1 [クッキー生地を作る]
厚めのビニール袋にクッキーを入れ、めんぼうやあきビンの底でくだく。

2 とかしておいたバターと牛乳を加え、手でもみながら、くだいたクッキーとなじませる。

3 生地を型にしきつめ、スプーンでおしつけて平らにする。ラップをかけ冷蔵庫で冷やしておく。

4 [チーズ生地を作る]
ボウルにクリームチーズとさとうを入れて、あわだて器ですりまぜる。

5 ヨーグルトとレモン汁を加えて、よくまぜる。

生地が冷たいときは湯せんにかけ、冷たさを感じなくなるまで温めておきます。

6 ふやかしたゼラチンを、ラップをかけずに電子レンジで20秒加熱し、5に加え、よくまぜる。

7 生地を型に流しいれ、ラップをかけ、冷蔵庫で約2時間、冷やしかためる。

生地を入れるときは、型の中央に静かに流します。

8 取りだすときは、型のまわりを温めたふきんで5秒ほど包み、生地をゆるめてはずす。しあげにブルーベリーとミントの葉をかざる。

水無月
みなづき

6月30日におこなわれる「夏越の祓」という行事のときに食べられています。
ういろうの生地の上に、ゆであずきをのせたものです。
三角の形は、氷をイメージしているといわれます。

●調理方法●
蒸し器で蒸す

●クッキングタイム●
45分

かたくなったときはラップに包んで、電子レンジで温めるといいよ。

本格おやつ 日本

材料

12×14×4.5cmの型1台分
- 薄力粉………70g
- 上新粉………30g
- さとう………70g
- 水………300mL
- あまなっとう………120g

じゅんびしよう

* 薄力粉と上新粉を合わせてふるっておく。
* 蒸し器の用意をする。
* 型にオーブン用シートをしいておく。

作り方

1 ボウルにふるった粉類とさとう、水を入れてあわだて器でよくまぜる。

2 こし器でこして、40mLをべつに取りわけておく。

3 液を型に流しいれ、蒸気のあがった蒸し器に入れ、強火で20分蒸す。

4 20分たったら取りだす。表面に水滴がついているときはキッチンペーパーで水分をとり、全体にあまなっとうを散らす。

> 水滴を取るときは、キッチンペーパーを折りたたんで、生地にのせるようにして取るといいよ。

5 取りわけておいた液をよくまぜて、あまなっとうの上に流しいれる。もう一度強火で10分蒸し、取りだして冷めたら三角形に切る。

教えて！ねこ先生

「夏越の祓」とはどんな行事ですか？

6月30日に神社でおこなわれます。半年分のけがれを落とし、残り半年分の健康ややくよけを祈願して、茅という草で編んだ輪をくぐるという行事です。この行事に欠かせない食べものが、水無月です。水無月とは旧暦で6月のことです。昔から、あずきには邪気をはらう力があると考えられてきました（この本ではあまなっとうを使用しています）。

きんぎょくかん

透明な寒天液に、ようかんやフルーツを入れてかためたものです。
暑さを忘れさせてくれるすずしげなお菓子です。

●調理方法●
寒天でかためる

●クッキングタイム●
50分
＋
冷やす時間

本格おやつ 日本

材料

コップ4こ分

[ペンギン牛乳かん]
- 水………70mL
- 粉寒天………2g
- グラニュー糖…………30g
- 牛乳………200mL

[透明寒天]
- 水………500mL
- 粉寒天………4g
- グラニュー糖………200g
- ブルーシロップ……小さじ2

作り方

1 [ペンギン牛乳かんを作る]
なべに水と粉寒天を入れ、まぜながら中火で煮る。ふっとうしたら、ふつふつしている火加減にし、1〜2分かきまぜながら煮て、寒天をよくとかす。

2 さとうを加え、1分ほど加熱し、さとうがとけたら火を止める。

3 2に温めた牛乳を加え、かるくまぜる。

4 型に流しいれ、粗熱がとれたら冷蔵庫で冷やしかためる。

じゅんびしよう

* 牛乳を電子レンジで20秒温めておく。
* 流し型（12cm四方くらいのもの）を水にくぐらせておく。
* 竹串を割りばしにはさんで、ゴムで止め、コップにセットしておく。

5 かたまったら取りだし、型ぬきでペンギンの形にぬく。

6 型でぬいたペンギンを、さかさにして、じゅんびした竹串にさす。

7 [透明寒天を作る]
1、2と同じ作り方で、寒天液を作る。

8 6のコップに、ペンギンがかくれるくらいまで、7の寒天液を静かに流しいれる。

9 残りの寒天液にブルーシロップを入れてまぜる。かたまらないように湯せんにかけておく。

10 8で流した液の表面が、半どまりになったら、9のブルーの寒天液を少しずつ流しいれる。
＊半どまりとは、表面にうすくまくができ、指でかるくさわると、少しくっついてくる状態です。

11 粗熱がとれたら竹串を引きぬき、冷蔵庫で冷やしかためる。

教えて！ねこ先生 〜それはね…

きんぎょくかんって、どんなお菓子？

漢字では「錦玉羹」と書きます。寒天の中にねりきり（こしあんにつなぎの粉をまぜてねりこんだ生地）やようかん、あずきなどを入れて作ります。川底やきんぎょ鉢に見立てたものもあります。

上のきんぎょくかんは「やすらぎの和菓子 さか昭」（東京都目黒区）制作

アルファフォーレス

サクサクのクッキーの中に、
あまいミルクジャムをたっぷりはさんだお菓子です。
アルゼンチンの人びとの大好物です。

●調理方法●
オーブンで焼く

●クッキングタイム●
30分
＋
ミルクジャムを作る時間

本格おやつ アルゼンチン

材料

8こ分

- バター………40g
- さとう………40g
- 塩………ひとつまみ
- 卵黄………1こ分
- 薄力粉………100g
- ベーキングパウダー…小さじ1/2
- 強力粉（打ち粉用 なければ薄力粉でよい）………適量
- ミルクジャム………130mL
- ココナッツロング……適量

じゅんびしよう

* ミルクジャムを作る（作り方は46ページに出ています）。
* バターを室温におく。
* 薄力粉とベーキングパウダーを合わせてふるっておく。
* 天板にオーブン用シートをしいておく。
* オーブンを170度に温めておく。

作り方

1 ボウルにバターとさとうを入れ、白っぽくなるまであわだて器ですりまぜる。

2 1に塩と卵黄を加えてよくまぜる。

3 ふるった粉類を入れ、指で全体を回すようにしながらまぜる。

こねないようにまぜてね。

4 生地をひとつにまとめ、打ち粉をふった台に取る。

＊時間に余裕があれば、生地をラップで包み、冷蔵庫で20分休ませます。

5 生地をめんぼうで厚さ3mmにのばし、直径4cmの丸型で16枚ぬく。

6 170度のオーブンで12～15分焼き、網にのせて冷ます。冷めたらミルクジャムをはさみ、側面にココナッツロングをまぶす。

アルファフォーレスはアルゼンチンだけでなく、ボリビアやペルーなど南米で広く親しまれているよ。外側をチョコレートでコーティングしたものなど、土地によっていろいろなタイプがあって、専門店もあるくらい人気だよ。

本格おやつ アルゼンチン

ミルクジャムの作り方

材料

約130mL分
コンデンスミルク……100g
牛乳………400mL
さとう………80g

作り方

1 なべにすべての材料を入れ、かきまぜながら中火で煮つめる。

2 とろみが出てきたら火を弱め、こげないように注意しながらまぜる。うすく茶色に色がついたら火を止め、器に移して冷ます。

ミルクジャムでこんなものも作ってみたよ。

トーストした食パンに、クリームチーズとミルクジャムの組みあわせは、バツグンのおいしさよ。

塩気のあるパンとアイスクリームに、すきなフルーツとミルクジャムのパフェもとってもおいしいわよ。

ねこ先生のひとくちメモ

ミルクジャムはママの味

ミルクジャムは、アルゼンチンでは「ドゥルセ デ レチェ」とよばれます。スペイン語で、ドゥルセは「あまい」、レチェは「牛乳」の意味です。アルゼンチンの「ママの味」として、朝食のパンにぬったり、ケーキにはさんだり、さまざまなものに使われます。ジャムの濃度もうすいものからこいものまでいろいろあります。

わたしの家のはおばあちゃんの味よ。

ミルクジャムはちょっとクセになるおいしさだね。

30分でできる伝統おやつ ―春・夏・秋・冬― さくいん

色の文字がこの巻に紹介されているおやつです。

あ

- アイシングクッキー………冬のおやつ 22
- アルファフォーレス………夏のおやつ 44
- アロスコンレチェ………秋のおやつ 35
- あんにんどうふ………夏のおやつ 32
- いきなりだんご………冬のおやつ 9
- いちご大福………春のおやつ 6
- いちごババロア………春のおやつ 26
- いもようかん………秋のおやつ 19
- うきしま………秋のおやつ 12
- うぐいすもち………春のおやつ 8
- うさぎまんじゅう………秋のおやつ 36
- 鬼まんじゅう………冬のおやつ 8
- おはぎ………秋のおやつ 10
- オムアリ………冬のおやつ 28
- おやき………秋のおやつ 38

か

- かしわもち………春のおやつ 16
- カスタードクリーム………春のおやつ 35
- カスタードプリン………春のおやつ 41
- カラフル白玉だんご………夏のおやつ 7
- かるかん………冬のおやつ 18
- カルターフント………秋のおやつ 30
- 関西風さくらもち………春のおやつ 13
- がんづき………秋のおやつ 40
- 関東風さくらもち………春のおやつ 14
- きな粉クッキー………冬のおやつ 23
- ギモーヴ………夏のおやつ 36
- きんぎょくかん………夏のおやつ 42
- くず切り………夏のおやつ 10
- グミ………夏のおやつ 28
- クラッシュゼリー………夏のおやつ 22
- くるみゆべし………冬のおやつ 12
- 黒みつ………夏のおやつ 11
- 紅白すあま………冬のおやつ 10
- コーヒーゼリー………夏のおやつ 23
- 五平もち………秋のおやつ 20

さ

- サーターアンダギー………春のおやつ 37
- さくらもち………春のおやつ 12
- 三月菓子（サングァチグヮーシ）………春のおやつ 36
- ジェラート………夏のおやつ 20
- シュークリーム………春のおやつ 32
- 白玉だんご………夏のおやつ 6
- しんこ細工人形………冬のおやつ 6
- スイートポテト………秋のおやつ 18
- スィールニキ………秋のおやつ 28
- スコーン………春のおやつ 28
- すはま………春のおやつ 10
- スポンジケーキ………冬のおやつ 34
- セルニック………秋のおやつ 44
- そばぼうろ………春のおやつ 19

た

- たまごぼうろ………春のおやつ 18
- チェー………春のおやつ 24
- チヂミ………冬のおやつ 30
- チョコチップクッキー………冬のおやつ 23
- チョコレートガナッシュ………春のおやつ 44
- ちんびんとぽーぽー………春のおやつ 20
- つぶあん………春のおやつ 46
- 手作りカッテージチーズ………秋のおやつ 46
- でっちようかん………冬のおやつ 14
- 動物クッキー………冬のおやつ 20
- トマトスムージー………夏のおやつ 35
- トライフル………夏のおやつ 30
- どらやき………秋のおやつ 6
- トリュフ………冬のおやつ 36

な

- 生キャラメル………冬のおやつ 16
- 生八つ橋………秋のおやつ 14
- 2色うきしま………秋のおやつ 13

は

- パステイスデナタ………秋のおやつ 32
- パッリーナ………秋のおやつ 24
- パブロバ………冬のおやつ 44
- パラチンキ………春のおやつ 22
- パレタ………夏のおやつ 24
- ハロハロ………夏のおやつ 26
- ビーバーテイル………冬のおやつ 40
- ブッシュドノエル………冬のおやつ 24
- ブラウニー………秋のおやつ 42
- フルーツあめ………夏のおやつ 16
- フルーツ大福………春のおやつ 7
- フルーツわらび………夏のおやつ 13
- べっこうあめ………秋のおやつ 16
- ホエードリンク………秋のおやつ 46
- ぽっぽ焼き………夏のおやつ 14
- ポテトチップスと野菜チップス………秋のおやつ 26
- ポルボロン………冬のおやつ 42
- ポンデケージョ………春のおやつ 30

ま

- マカロン………春のおやつ 42
- マドレーヌ………秋のおやつ 22
- まるごとアップルパイ………冬のおやつ 38
- マンゴーラッシー………夏のおやつ 34
- 水ようかん………夏のおやつ 8
- みたらしあん………秋のおやつ 9
- みたらしだんご………秋のおやつ 8
- 水無月………夏のおやつ 40
- ミニピザ………冬のおやつ 41
- ミルクジャム………夏のおやつ 46
- もぐらのケーキ………冬のおやつ 32
- もぐらのマジパン………冬のおやつ 35

や

- やしょうま………春のおやつ 38
- ヨウルトルットゥ………冬のおやつ 26
- ヨーグルトカスタードクリーム………夏のおやつ 31

ら

- ラムネ………夏のおやつ 18
- レアチーズケーキ………夏のおやつ 38
- レチェフラン………春のおやつ 40

わ

- わらびもち………夏のおやつ 12

伝統おやつ研究クラブ
昔からよく見かけるおやつや、その土地で作られてきたおやつを、自分でかんたんに作れたらいいな。そんな思いから始めた、中山三恵子と森谷由美子が主宰する手作りおやつの研究クラブです。世界の伝統的なおやつも、意外とかんたんに作ることができます。保存料なども入っていないのでなにより安心。さらに、そんなおやつにまつわるお話をちょっと知っていると、もっと楽しくなってきます。自分で作るよろこびや楽しさ、手作りのやさしい味を体感してもらうと共に、世界各地の食文化を知るきっかけになれば、という思いで本書を作りました。
地域のイベントやギャラリーでのケイタリング、また書籍や雑誌などで、楽しいおやつ作り、かんたん料理を提案しています。手がけた本に『はじめての料理 簡単クッキング』(日本標準)「ゆかいなアンパンマン」シリーズ おやつコーナー(フレーベル館)、共著に『20時からの家呑みレシピ』(主婦と生活社)など。

スタッフ
撮影●川しまゆうこ
コラムイラスト●竹永絵里
キャラクターイラスト●中山三恵子
スタイリング●川しまゆうこ・森谷由美子
DTP●里村万寿夫
校正●松本明子
企画構成・デザイン&編集●ペグハウス

製菓材料提供／cuoca（クオカ）http://www.cuoca.com/ tel.0120-863-639
撮影協力／ドゥミレーヴ・(有)ガーデン・ヒサマツエツコ・森永よし子・八木亜砂子

＊おすすめ図書＊
今田美奈子『ヨーロッパ お菓子物語』2012 朝日学生新聞社
今田美奈子『お姫さま お菓子物語』2013 朝日学生新聞社
坂木司『和菓子のアン』2012 光文社
俵屋吉富／ギルドハウス京菓子 京菓子資料館 監修
　　　　『和菓子の絵事典』2008 PHP研究所
平野恵理子『和菓子の絵本 和菓子っておいしい!』2010 あすなろ書房

＊おもな参考文献＊
大森由紀子『物語のあるフランス菓子』2008 日本放送出版協会
大森由紀子『フランス菓子図鑑 お菓子の名前と由来』2013 世界文化社
小西千鶴『知っておきたい 和菓子のはなし』2004 旭屋出版
杉本明 編『砂糖の絵本』2006 農文協
中山圭子『事典 和菓子の世界』2006 岩波書店
猫井登『お菓子の由来物語』2008 幻冬舎ルネッサンス
吉田菊次郎『お菓子の世界・世界のお菓子』2008 時事通信社
若菜晃子『地元菓子』2013 新潮社

30分でできる伝統おやつ　夏のおやつ

2016年 7月 1刷　2020年 2月 3刷

著　者／伝統おやつ研究クラブ
発行者／今村正樹
発行所／株式会社偕成社
　　　　162-8450　東京都新宿区市谷砂土原町3-5
　　　　電話 03-3260-3221（販売）03-3260-3229（編集）
　　　　http://www.kaiseisha.co.jp/
印刷所／大日本印刷株式会社
製本所／株式会社難波製本

©NAKAYAMA Mieko, MORIYA Yumiko 2016
27cm 47p. NDC596　ISBN978-4-03-525820-9
Published by KAISEI-SHA, printed in Japan

本のご注文は電話・ファックスまたはEメールでお受けしています。
Tel : 03-3260-3221　Fax : 03-3260-3222
e-mail : sales@kaiseisha.co.jp